T0079949

Best of Piano Duets 2

20 Classical Arrangements for Piano Duet

20 klassische Bearbeitungen für Klavier zu vier Händen

20 arrangements classiques pour piano à quatre mains

(easy to intermediate / leicht bis mittelschwer / facile à difficulté moyenne)

Edited by / Herausgegeben von / Edité par
Hans-Günter Heumann

ED 23588
ISMN 979-0-001-21601-2
ISBN 978-3-7957-2633-1

www.schott-music.com

Mainz · London · Madrid · Paris · New York · Tokyo · Beijing
© 2022 Schott Music GmbH & Co. KG, Mainz · Printed in Germany

Inhalt / Contents / Contenu

Prélude

Marc-Antoine Charpentier
(um 1643–1704)
Arr.: Hans-Günter Heumann

Prélude

Marc-Antoine Charpentier
(um 1643–1704)
Arr.: Hans-Günter Heumann

aus / from / de: Te Deum, H 146

Der Winter

The Winter / L'hiver

Antonio Vivaldi
(1678–1741)
Arr.: Hans-Günter Heumann

aus / from / de: Die vier Jahreszeiten / The Four Seasons / Les quatre saisons,
op. 8/4, 2. Satz / 2nd movement / 2ème mouvement

Der Winter

The Winter / L'hiver

Antonio Vivaldi
(1678–1741)
Arr.: Hans-Günter Heumann

aus / from / de: Die vier Jahreszeiten / The Four Seasons / Les quatre saisons,
op. 8/4, 2. Satz / 2nd movement / 2ème mouvement

Air

Georg Friedrich Händel
(1685–1759)
Arr.: Hans-Günter Heumann

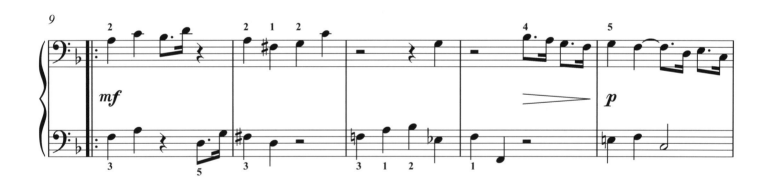

2. x rit.

aus / from / de: Wassermusik / Water Music / Musique de l'eau,
Suite No. 1, F-Dur / F major / Fa majeur, HWV 348

Air

HWV 348/6

Georg Friedrich Händel
(1685–1759)
Arr.: Hans-Günter Heumann

aus / from / de: Wassermusik / Water Music / Musique de l'eau,
Suite No. 1, F-Dur / F major / Fa majeur, HWV 348

Serenade

Joseph Haydn
(1732–1809)
Arr.: Hans-Günter Heumann

Andante cantabile ♩ = 84

aus / from / de: Streichquartett Nr. 17 F-Dur / String Quartet No. 17 F major / Quatour à cordes No. 17 Fa majeur, Hob. III:17, 2. Satz / 2nd movement / 2ème mouvement

Serenade

Joseph Haydn
(1732–1809)
Arr.: Hans-Günter Heumann

aus / from / de: Streichquartett Nr. 17 F-Dur / String Quartet No. 17 F major / Quatour à cordes No. 17 Fa majeur, Hob. III:17,
2. Satz / 2nd movement / 2ème mouvement

Menuett
Minuet / Menuet

Luigi Boccherini
(1743–1805)
Arr.: Hans-Günter Heumann

aus / from / de: Streichquintett E-Dur /
String Quintet E major / Quintette Mi majeur,
op. 13/5, 3. Satz / 3rd movement / 3ème mouvement

Menuett
Minuet / Menuet

Luigi Boccherini
(1743–1805)
Arr.: Hans-Günter Heumann

aus / from / de: Streichquintett E-Dur /
String Quintet E major / Quintette Mi majeur,
op. 13/5, 3. Satz / 3rd movement / 3ème mouvement

Menuett D. C.

Menuett D. C.

Das klinget so herrlich

That sound is so lovely / Cette musique est si belle

Wolfgang Amadeus Mozart
(1756–1791)
Arr.: Christian Gottlob Neefe
(1748–1798)

aus / from / de: Die Zauberflöte / The Magic Flute / La flûte enchantée, KV 620

Das klinget so herrlich

That sound is so lovely / Cette musique est si belle

Wolfgang Amadeus Mozart
(1756–1791)
Arr.: Christian Gottlob Neefe
(1748–1798)

aus / from / de: Die Zauberflöte / The Magic Flute / La flûte enchantée, KV 620

Türkischer Marsch

Turkish March / Marche turque

Ludwig van Beethoven
(1770–1827)
Arr.: Hans-Günter Heumann

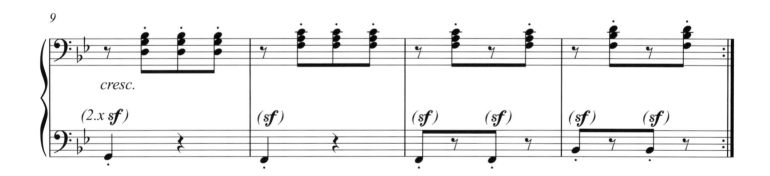

aus / from / de: Die Ruinen von Athen / The Ruins of Athens / Les ruines d'Athènes, op. 113

Türkischer Marsch

Turkish March / Marche turque

Ludwig van Beethoven
(1770–1827)
Arr.: Hans-Günter Heumann

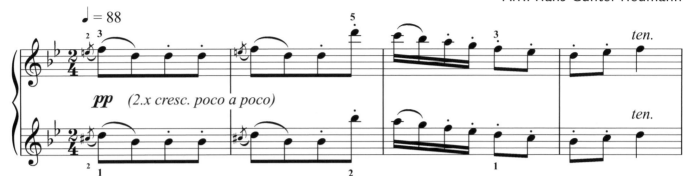

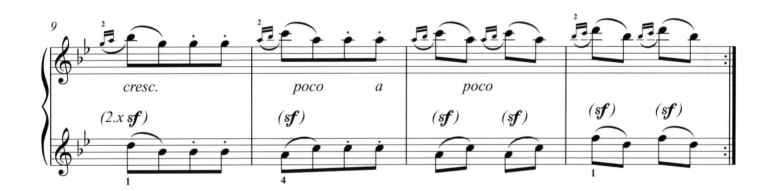

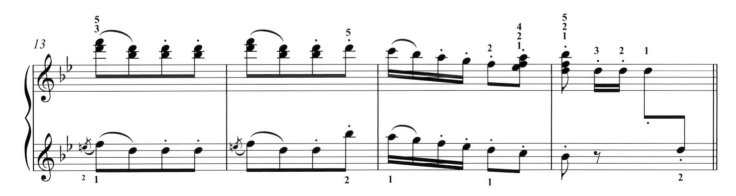

aus / from / de: Die Ruinen von Athen / The Ruins of Athens / Les ruines d'Athènes, op. 113

dimin. poco poco

pp ppp

Frühlingslied
Spring Song / Chanson de printemps
op. 62/6

Felix Mendelssohn Bartholdy
(1809–1847)
Arr.: Hans-Günter Heumann

Allegretto grazioso ♪ = 136

aus / from / de: Lieder ohne Worte / Songs without Words / Chansons sans paroles

Frühlingslied
Spring Song / Chanson de printemps
op. 62/6

Felix Mendelssohn Bartholdy
(1809–1847)
Arr.: Hans-Günter Heumann

Allegretto grazioso ♪ = 136

aus / from / de: Lieder ohne Worte / Songs without Words / Chansons sans paroles

Träumerei
Dreaming / Rêverie
op. 15/7

Robert Schumann
(1810–1856)
Arr.: Hans-Günter Heumann

© 2022 Schott Music GmbH & Co. KG, Mainz
aus / from / de: Kinderszenen / Scenes from Childhood / Scènes d'enfants

Träumerei
Dreaming / Rêverie
op. 15/7

Robert Schumann
(1810–1856)
Arr.: Hans-Günter Heumann

aus / from / de: Kinderszenen / Scenes from Childhood / Scènes d'enfants

La donna è mobile

Giuseppe Verdi
(1813–1901)
Arr.: Hans-Günter Heumann

aus / from / de: Rigoletto

La donna è mobile

Giuseppe Verdi
(1813–1901)
Arr.: Hans-Günter Heumann

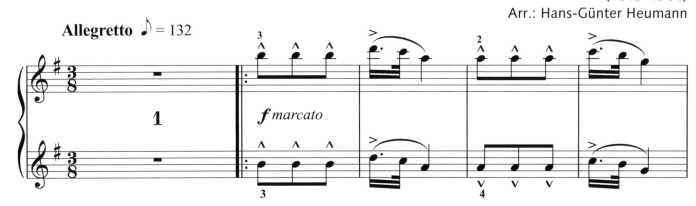

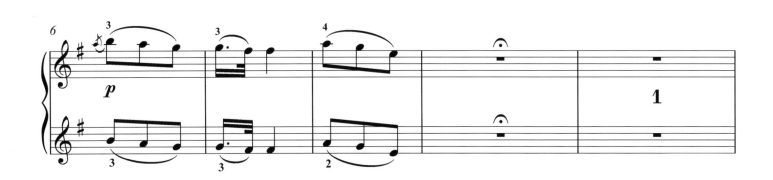

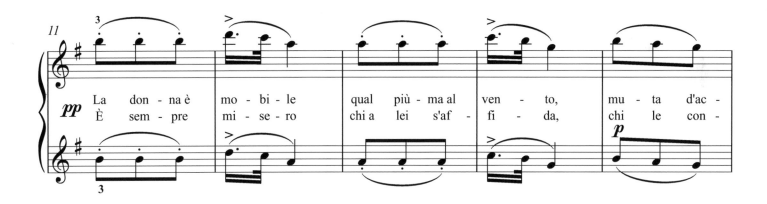

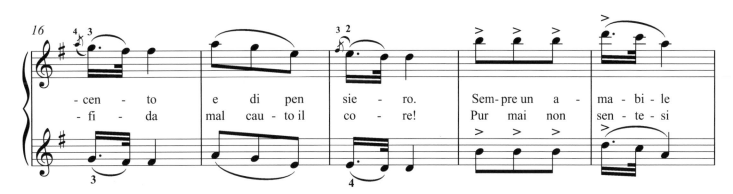

aus / from / de: Rigoletto

Ave Maria

Charles Gounod
(1818–1893)
Arr.: Hans-Günter Heumann

Meditation über das 1. Präludium aus dem Wohltemperierten Klavier von J. S. Bach / Meditation on
Prelude No. I from the Well-Tempered Clavier by J. S. Bach / Méditation sur le premier Prélude extrait
du Clavier bien tempéré de J. S. Bach

Ave Maria

Charles Gounod
(1818–1893)
Arr.: Hans-Günter Heumann

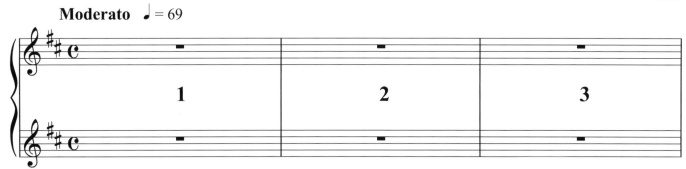

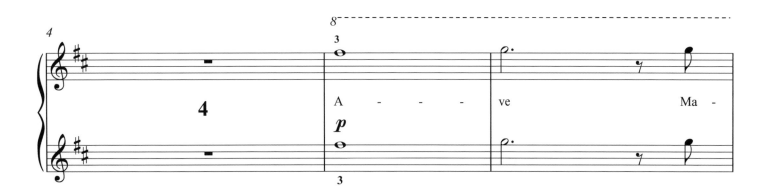

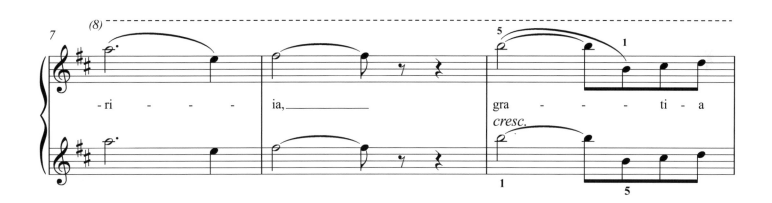

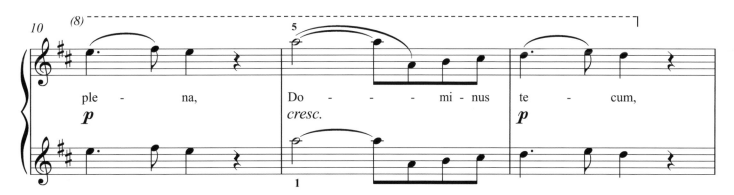

Meditation über das 1. Präludium aus dem Wohltemperierten Klavier von J. S. Bach / Meditation on
Prelude No. I from the Well-Tempered Clavier by J. S. Bach / Méditation sur le premier Prélude extrait
du Clavier bien tempéré de J. S. Bach

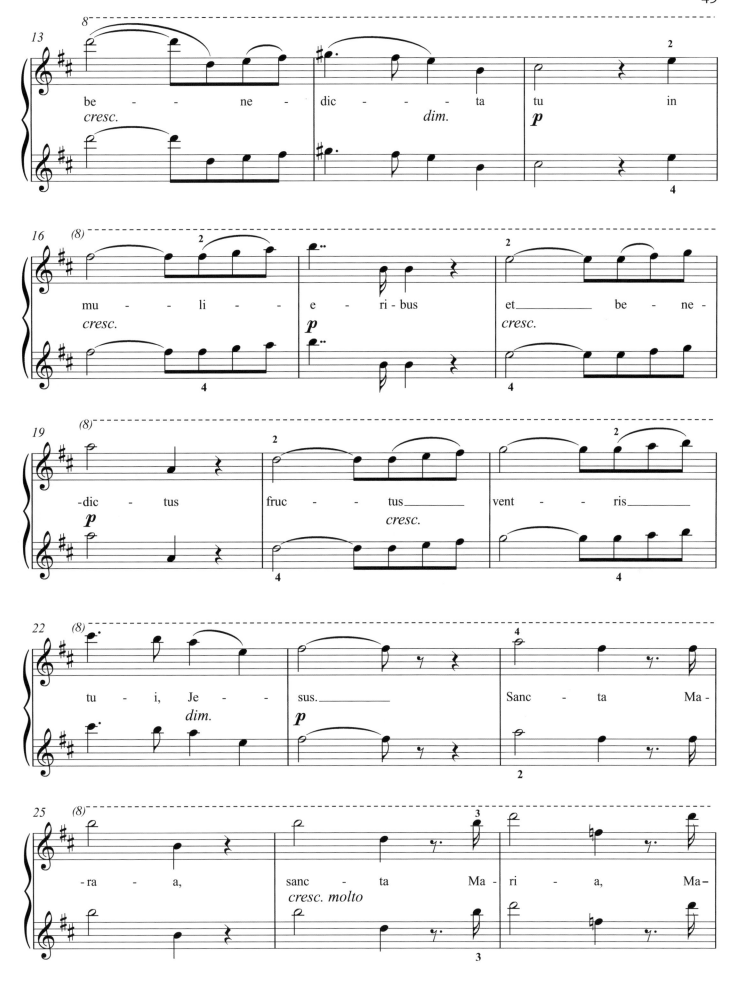

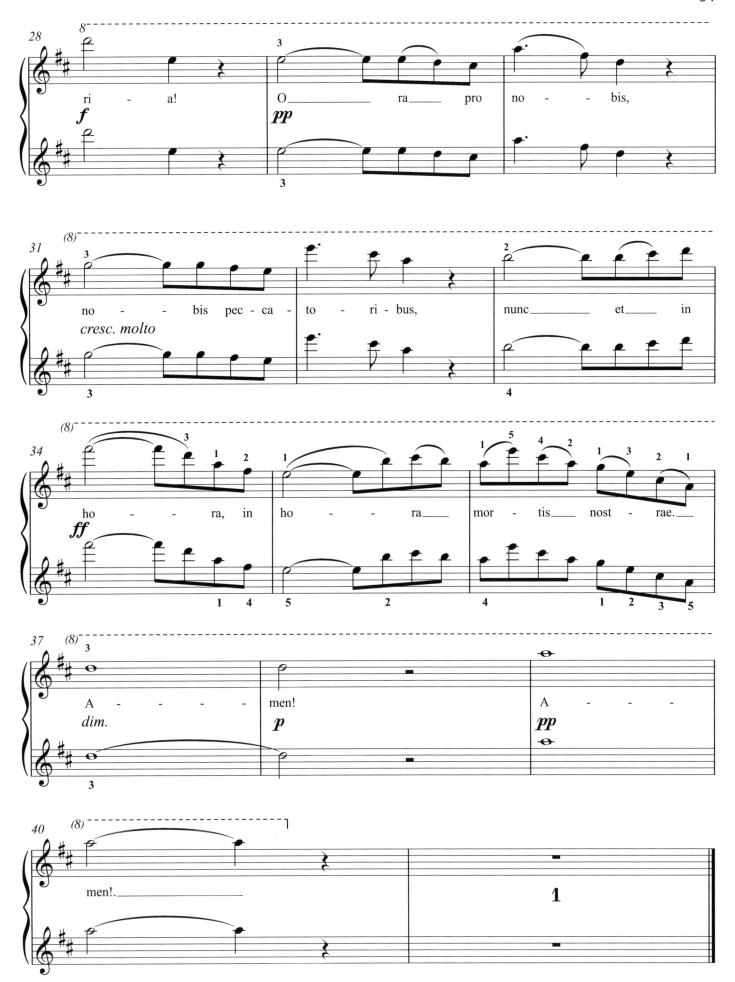

Cancan

Jacques Offenbach
(1819–1880)
Arr.: Hans-Günter Heumann

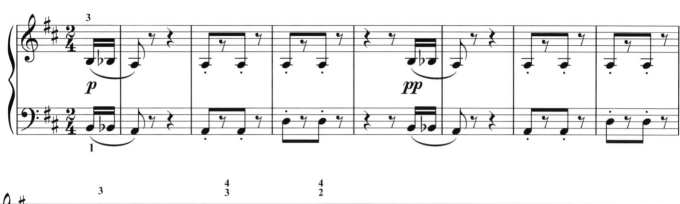

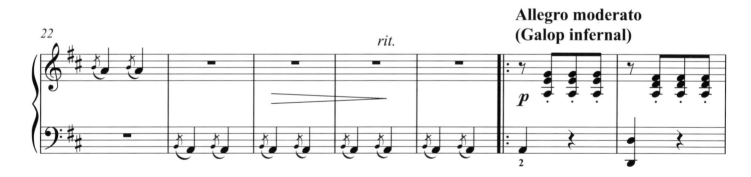

aus / from / de: Orpheus in der Unterwelt / Orpheus in the Underworld / Orphée aux enfers

Cancan

Jacques Offenbach
(1819-1880)
Arr.: Hans-Günter Heumann

aus / from / de: Orpheus in der Unterwelt / Orpheus in the Underworld / Orphée aux enfers

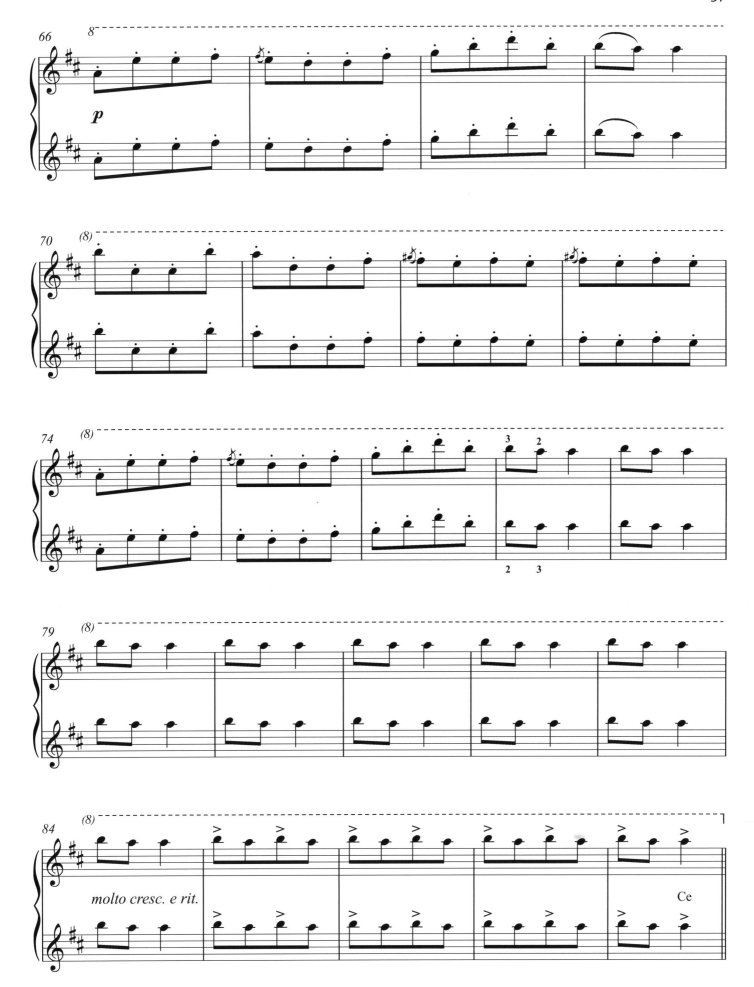

bal est o-ri-gi-nal, d'un ga-lop in-fer-nal don-nons tous le si-gnal, vi-ve le ga-lop in-fer-

-nal! Don-nons le si-gnal d'un ga-lop in-fer-nal! A-mis, vi-ve le bal, vi-ve le bal. Le

bal, a-mis, vi-ve, vi-ve le bal, a-mis, vi-ve vi-

-ve le bal!

Tritsch-Tratsch-Polka
op. 214

Johann Strauss (Sohn)
(1825–1899)
Arr.: Hans-Günter Heumann

Tritsch-Tratsch-Polka
op. 214

Johann Strauss (Sohn)
(1825–1899)
Arr.: Hans-Günter Heumann

Melodie in F
Melody in F / Mélodie en Fa
op. 3/1

Anton Rubinstein
(1829–1894)
Arr.: Hans-Günter Heumann

Moderato ♩ = 80

aus / from / de: Deux mélodies

Melodie in F
Melody in F / Mélodie en Fa
op. 3/1

Anton Rubinstein
(1829–1894)
Arr.: Hans-Günter Heumann

Moderato ♩ = 80

aus / from / de: Deux mélodies

71

Tempo I

Gebet einer Jungfrau
The Virgin's Prayer / La prière d'une vierge
op. 3

Tekla Bądarzewska-Baranowska
(1834–1861)
Arr.: Hans-Günter Heumann

Gebet einer Jungfrau
The Virgin's Prayer / La prière d'une vierge
op. 3

Tekla Bądarzewska-Baranowska
(1834–1861)
Arr.: Hans-Günter Heumann

Der Elefant
The Elephant / L'Éléphant

Camille Saint-Saëns
(1835–1921)
Arr.: Hans-Günter Heumann

aus / from / de: Karneval der Tiere / Carnival of the Animals / Le carnaval des animaux

Der Elefant
The Elephant / L'Éléphant

Camille Saint-Saëns
(1835–1921)
Arr.: Hans-Günter Heumann

aus / from / de: Karneval der Tiere / Carnival of the Animals / Le carnaval des animaux

Marsch
March / Marche

Peter Iljitsch Tschaikowsky
(1840–1893)
Arr.: Hans-Günter Heumann

aus / from / de: Nussknacker-Suite / Nutcracker Suite / Casse-noisette suite, op. 71a

Marsch
March / Marche

Peter Iljitsch Tschaikowsky
(1840–1893)
Arr.: Hans-Günter Heumann

Tempo di marcia, vivo ♩ = 100

aus / from / de: Nussknacker-Suite / Nutcracker Suite / Casse-noisette suite, op. 71a

Präludium
Prelude / Prélude
op. 40/1

Edvard Grieg
(1843–1907)
Arr.: Theodor Kirchner
(1823–1903)

aus / from / de: Aus Holbergs Zeit / From Holberg's Time / Du temps de Holberg

Präludium
Prelude / Prélude
op. 40/1

Edvard Grieg
(1843–1907)
Arr.: Theodor Kirchner
(1823–1903)

Allegro vivace ♩ = 132

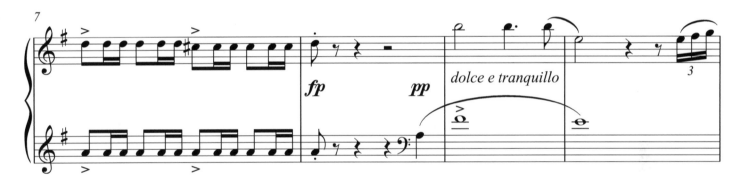

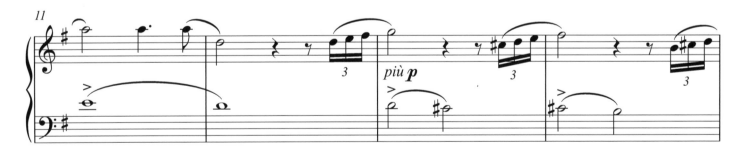

aus / from / de: Aus Holbergs Zeit / From Holberg's Time / Du temps de Holberg

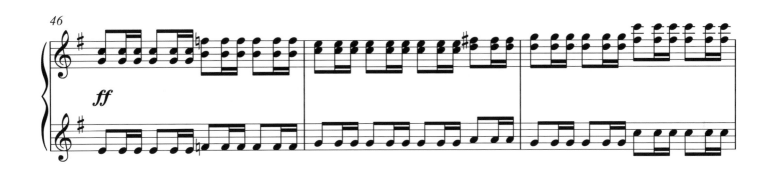

Gymnopédie No. 1

Erik Satie
(1866–1925)
Arr.: Hans-Günter Heumann

Lent et douloureux ♩ = 76

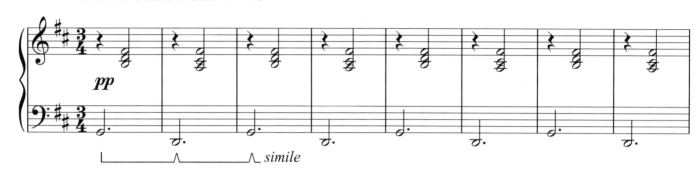

aus / from / de: Trois Gymnopédies

Gymnopédie No. 1

Erik Satie
(1866–1925)
Arr.: Hans-Günter Heumann

aus / from / de: Trois Gymnopédies

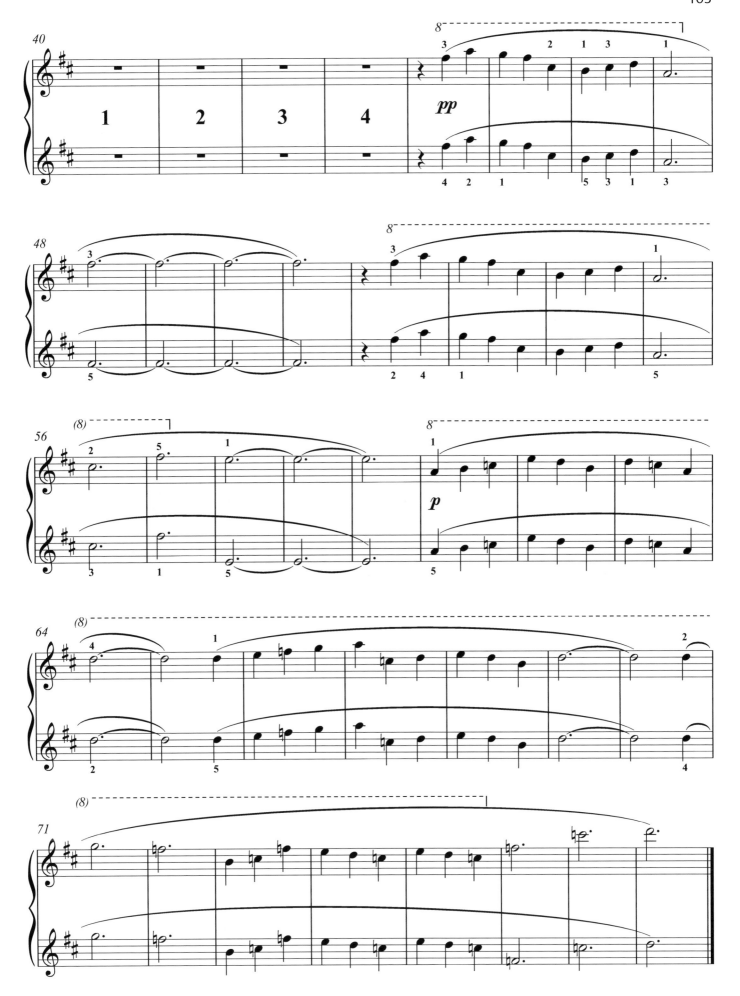

O Fortuna

Carl Orff
(1895–1982)
Arr.: Hermann Regner
(1928–2008)

aus / from / de: Carmina Burana

O Fortuna

Carl Orff
(1895–1982)
Arr.: Hermann Regner
(1928–2008)

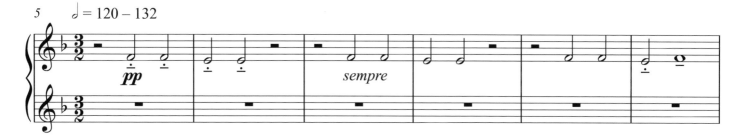

aus / from / de: Carmina Burana

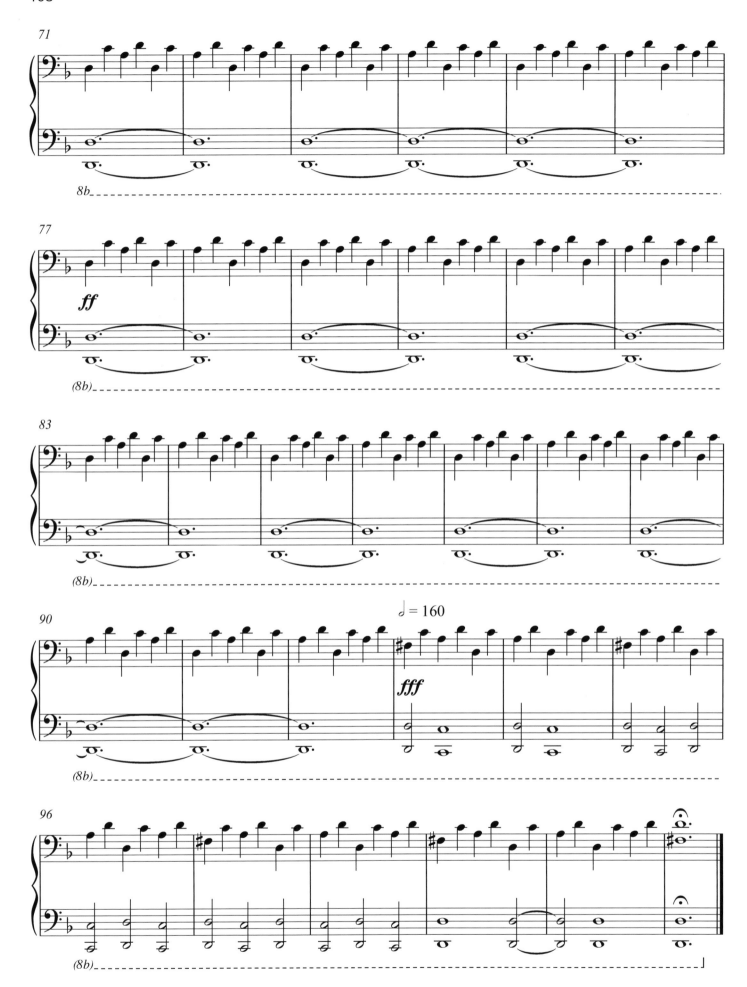

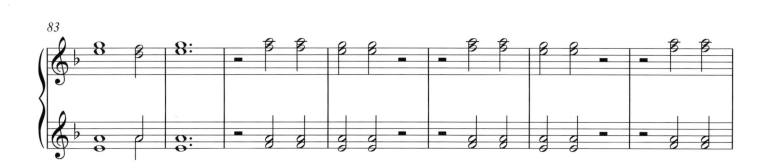

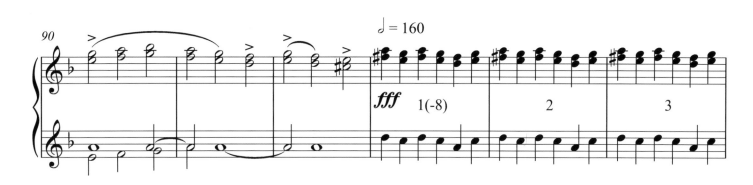

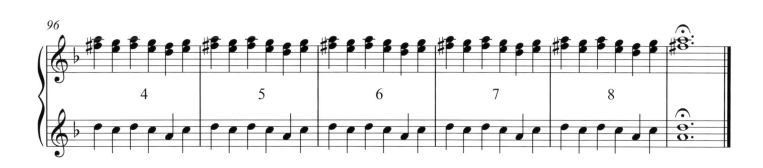

Schott Music, Mainz 60 135

Schott Piano Classics

Klavier zweihändig
Piano solo
Piano à deux mains

Isaac Albéniz
Suite Espagnole, op. 47
ED 5068

España, op. 165
Deux danses espagnoles, op. 164
ED 9032

Johann Sebastian Bach
Berühmte Stücke
Famous Pieces · Pièces célèbres
ED 9001

Kleine Präludien
Little Preludes · Petits Préludes
ED 9003

Inventionen und Sinfonien,
BWV 772-801
Inventions and Sinfonias ·
Inventions et Sinfonies
ED 9002

Friedrich Burgmüller
25 leichte Etüden, op. 100
25 Easy Studies · 25 Etudes faciles
ED 173

12 brillante und melodische Etüden,
op. 105
12 Brilliant and Melodious Studies ·
12 Etudes brillantes et mélodiques
ED 174

18 Etüden, op. 109
18 Studies · 18 Etudes
ED 175

Frédéric Chopin
20 Ausgewählte Mazurken
20 Selected Mazurkas ·
20 Mazurkas choisies
ED 9022

Carl Czerny
6 leichte Sonatinen, op. 163
6 Easy Sonatinas · 6 Sonates faciles
ED 9035

160 achttaktige Übungen, op. 821
160 Eight-bar Exercises ·
160 Exercices à huit mesures
ED 8934

Claude Debussy
Berühmte Klavierstücke I
Famous Piano Pieces I · Pièces célèbres
pour piano I
ED 9034

Berühmte Klavierstücke II
Famous Piano Pieces II · Pièces célè-
bres pour piano II
ED 9037

Emotionen
Emotions
35 Originalwerke · 35 Original Pieces ·
35 Œuvres originales
ED 9045

Edvard Grieg
Lyrische Stücke, op. 12, 38, 43
Lyric Pieces · Morceaux lyriques
ED 9011

Peer Gynt
Suiten Nr. 1 und 2, op. 46 und 55
Suites No. 1 + 2
ED 9033

Joseph Haydn
10 leichte Sonaten
10 Easy Sonatas · 10 Sonates faciles
ED 9026

Impressionismus
Impressionism · Impressionisme
27 Klavierstücke rund um Debussy ·
27 Piano Pieces around Debussy ·
27 Morceaux pour piano autour
de Debussy
ED 9042

Scott Joplin
6 Ragtimes
Mit der „Ragtime-Schule" von · with
the 'School of Ragtime' by · avec la
'Méthode du Ragtime' de Scott Joplin
ED 9014

Fritz Kreisler
Alt-Wiener Tanzweisen
Old Viennese Dance Tunes ·
Vieux airs de danse viennois
Liebesfreud – Liebesleid – Schön
Rosmarin
ED 9025

8 leichte Sonatinen
von Clementi bis Beethoven
8 Easy Sonatinas from Clementi
to Beethoven · 8 Sonatines faciles
de Clementi à Beethoven
mit · with · avec CD
ED 9040

Franz Liszt
Albumblätter und kleine
Klavierstücke
Album Leaves and Short Piano Pieces ·
Feuilles d'album et courtes pièces pour
piano
ED 9054

Felix Mendelssohn Bartholdy
Lieder ohne Worte
Songs Without Words ·
Chansons sans paroles
Auswahl für den Klavierunterricht ·
Selection for piano lessons ·
Sélection pour le cours de piano
ED 9012

Leopold Mozart
Notenbuch für Nannerl
Notebook for Nannerl ·
Cahier de musique pour Nannerl
ED 9006

Wolfgang Amadeus Mozart
Der junge Mozart
The Young Mozart · Le jeune Mozart
ED 9008

Eine kleine Nachtmusik
Little Night Music ·
Petite musique de nuit
ED 1630

6 Wiener Sonatinen
6 Viennese Sonatinas ·
6 Sonatines viennoises
ED 9021

Musik aus früher Zeit
Music of Ancient Times ·
Musique du temps ancien
ED 9005

Modest Moussorgsky
Bilder einer Ausstellung
Pictures at an Exhibition ·
Tableaux d'une exposition
ED 525

Nacht und Träume
Night and Dreams · Nuit et songes
36 Originalwerke für Klavier ·
36 Original Piano Pieces · 36 Morceaux
originaux pour piano
ED 9048

Piano Classics
Beliebte Stücke von Bach bis Satie
Favourite Pieces from Bach to Satie ·
Pièces celebre de Bach à Satie
mit · with · avec CD
ED 9036

Piano facile
30 leichte Stücke von Bach
bis Gretchaninoff
30 Easy Pieces from Bach to
Gretchaninoff · 30 Pièces faciles
de Bach à Gretchaninov
mit · with · avec CD
ED 9041

Programmmusik
Programme Music ·
Musique à programme
40 Originalwerke · 40 Original Pieces ·
40 Morceaux originaux
ED 9043

Reisebilder
Travel Pictures · Tableaux de voyage
37 Originalstücke · 37 Original Pieces ·
37 Morceaux originaux
ED 9044

Erik Satie
Klavierwerke I
Piano Works I · Œuvres pour piano I
ED 9013

Klavierwerke II
Piano Works II · Œuvres pour piano II
ED 9016

Klavierwerke III
Piano Works III · Œuvres pour piano III
ED 9028

Domenico Scarlatti
Berühmte Klavierstücke
Famous Piano Pieces ·
Compositions célèbres pour piano
ED 9038

Robert Schumann
Album für die Jugend, op. 68
Album for the Young ·
Album pour la jeunesse
ED 9010

Bedrich Smetana
Die Moldau
Vltava · La Moldau
ED 4345

Spielsachen
44 leichte Originalwerke · 44 Easy
Original Pieces · 44 Morceaux
originaux faciles
ED 9055

Georg Philipp Telemann
12 kleine Fantasien
12 Little Fantasias · 12 Petites Fantaisies
ED 2330

Leichte Fugen mit kleinen Stücken,
TWV 30: 21-26
Easy Fugues with little Pieces ·
Fugues légères et petits jeux
ED 9015

Tempo! Tempo!
40 Originalwerke · 40 Original
Pieces · 40 Morceaux originaux
ED 9049

Peter Tschaikowsky
Die Jahreszeiten, op. 37bis
The Seasons · Les Saisons
ED 20094

Nussknacker Suite, op. 71a
Nutcracker Suite ·
Suite Casse-Noisette
ED 2394

Wasser
25 Originalkompositionen · 25
Original Pieces · 25 Morceaux
originaux
ED 22276

www.schott-music.com

B 1427 · 04-22